Impressum
Verlag: BABADADA GmbH, Nedderfeld 112 , 22529 Hamburg
Geschäftsführer / Verlagsleitung: Harald Hof
Druck: Books on Demand GmbH, In de Tarpen 42, 22848 Norderstedt

Imprint
Publisher: BABADADA GmbH, Nedderfeld 112 , 22529 Hamburg, Germany
Managing Director / Publishing direction: Harald Hof
Print: Books on Demand GmbH, In de Tarpen 42, 22848 Norderstedt

school
skole

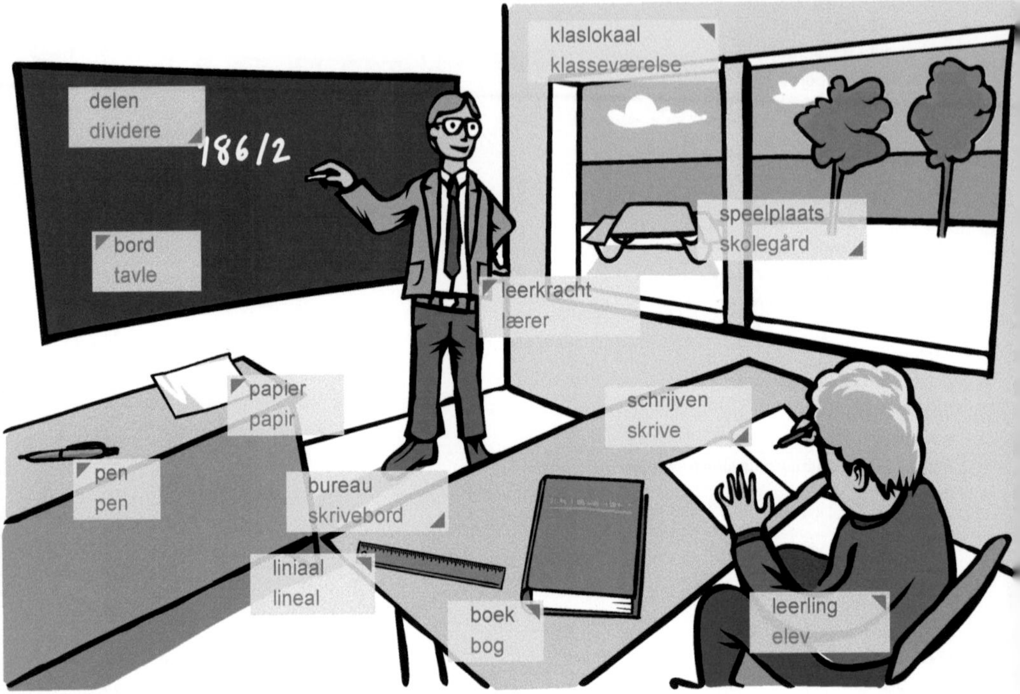

klaslokaal
klasseværelse
delen
dividere
186/2
bord
tavle
speelplaats
skolegård
leerkracht
lærer
papier
papir
schrijven
skrive
pen
pen
bureau
skrivebord
liniaal
lineal
boek
bog
leerling
elev

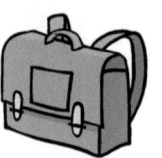

schooltas
skoletaske

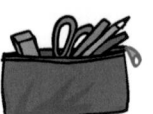

pennenzak
penalhus

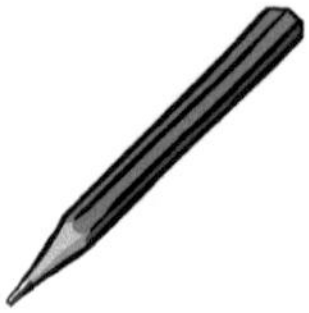

potlood
blyant

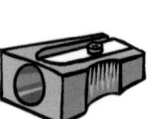

puntenslijper
blyantspidser

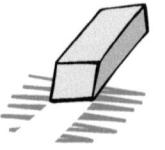

gom
viskelæder

tekenblok
tegneblok

tekening
tegning

verfborstel
pensel

verfdoos
æske med vandfarver

schaar
saks

lijm
lim

werkboek
opgavehefte

huiswerk
lektie

12

nummer
tal

2+2

optellen
addere

5-2

aftrekken
subtrahere

2×2

vermenigvuldigen
multiplicere

rekenen
regne

A

letter
bogstav

**ABCDEFG
HIJKLMN
OPQRSTU
VWXYZ**

alfabet
alfabet

hello

woord
ord

tekst

tekst

Lezen

læse

krijt

kridt

les

time

klassenboek

klasseprotokol

examen

eksamen

certificaat

karakterbog

schooluniform

skoleuniform

onderwijs

uddannelse

encyclopedie

leksikon

universiteit

universitet

microscoop

mikroskop

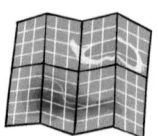

kaart

kort

papiermand

papirkurv

reis
rejse

hotel
hotel
Grand
jeugdherberg
herberg
ROOMS
EXCHANGE
wisselkantoor
vekselkontor
koffer
kuffert
auto
bil

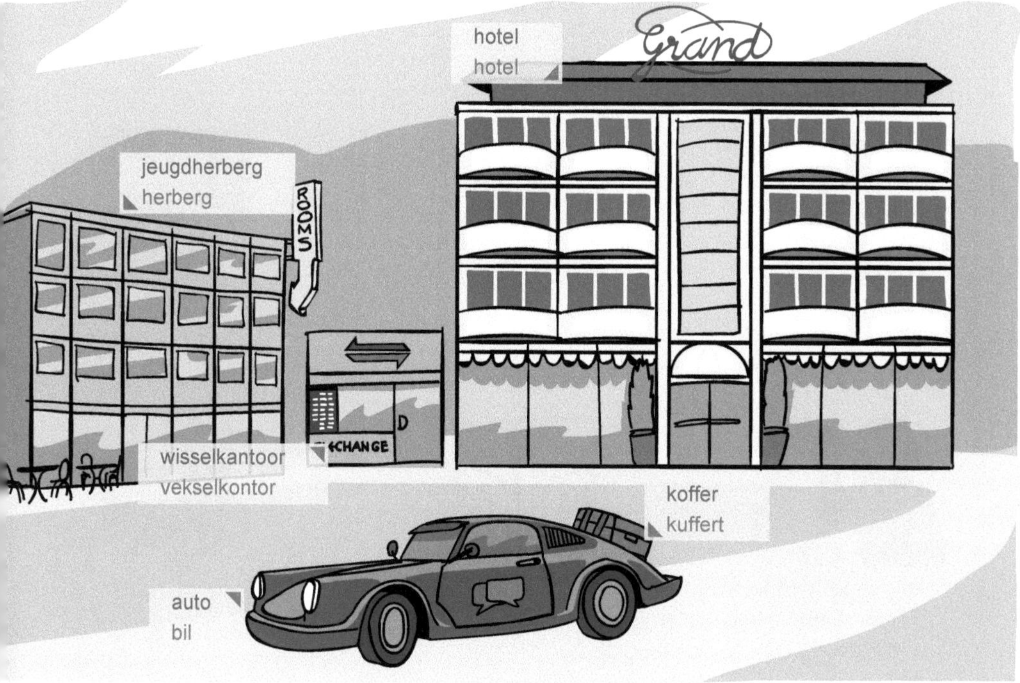

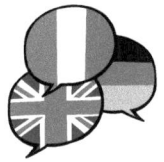

Taal

sprog

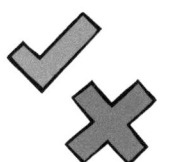

ja / nee

ja / nej

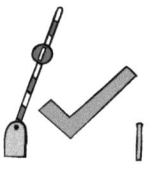

oké

okay

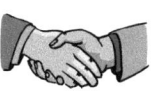

hallo

hej

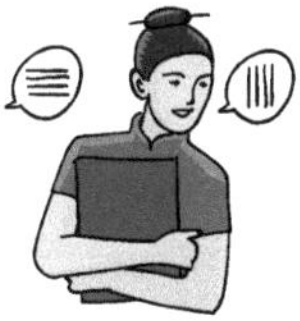

vertaler

oversætter

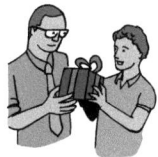

bedankt

tak

Hoeveel kost ...?

hvad koster...?

Ik begrijp het niet

Jeg forstår ikke

probleem

problem

Goedenavond!

God aften!

Goedemorgen!

God morgen!

Goedenavond!

God nat!

Tot ziens

farvel

richting

retning

bagage

bagage

zak

taske

rugzak

rygsæk

gast

gæst

kamer

værelse

slaapzak

sovepose

tent

telt

toeristeninformatie

turistinformation

strand

strand

kredietkaart

kreditkort

ontbijt

morgenmad

lunch

middagsmad

avondeten

aftensmad

ticket

billet

lift

elevator

postzegel

frimærke

grens

grænse

douane

told

ambassade

ambassade

visum

visum

paspoort

pas

transport
transport

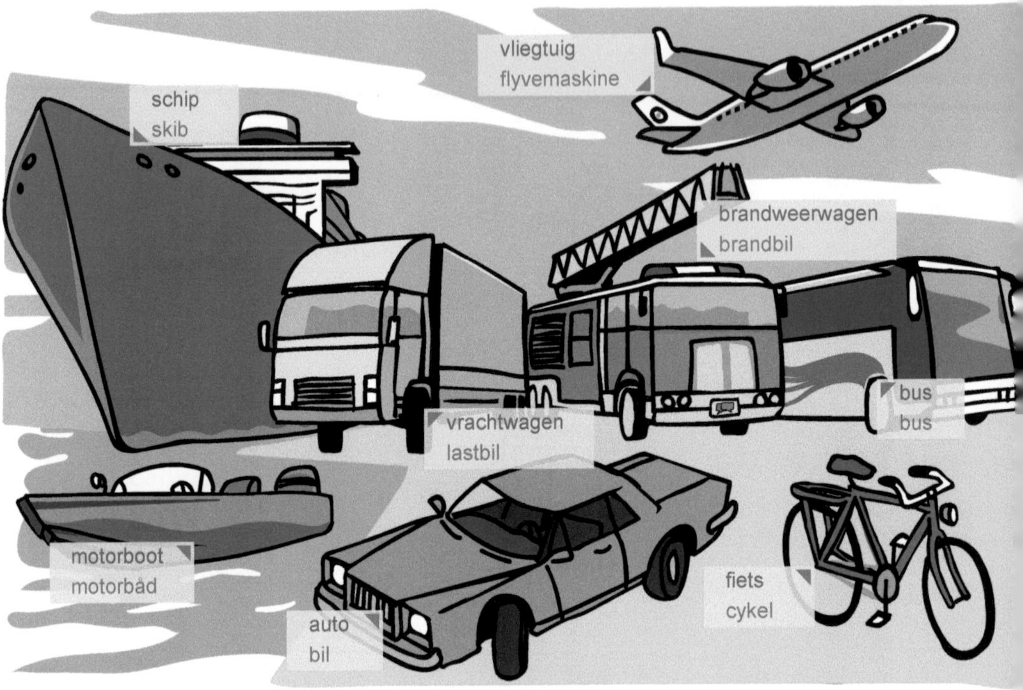
vliegtuig
flyvemaskine
schip
skib
brandweerwagen
brandbil
vrachtwagen
lastbil
bus
bus
motorboot
motorbåd
fiets
cykel
auto
bil

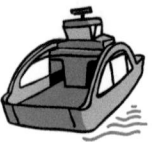

veerboot

færge

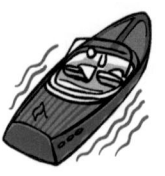

boot

båd

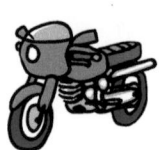

motor

motorcykel

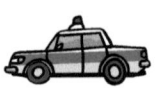

politiewagen

politibil

racewagen

racerbil

huurauto

lejebil

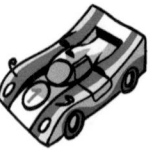

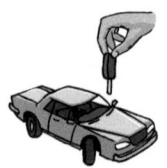

carpoolen

samkørsel

sleepwagen

kranbil

vuilniswagen

skraldebil

motor

motor

benzine

benzin

benzinestation

tankstation

verkeersbord

trafikskilt

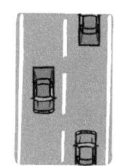

verkeer

trafik

file

trafikprop

parkeerplaats

parkeringsplads

station

banegård

sporen

skinner

trein

tog

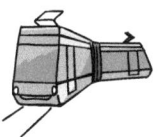

tram

sporvogn

wagon

wagon

helikopter

helikopter

luchthaven

lufthavn

toren

tårn

passagier

passager

container

container

karton

karton

kar

kærre

mand

kurv

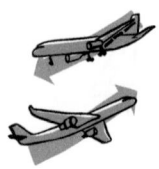

opstijgen / landen

starte / lande

stad

by

dorp

landsby

stadscentrum

bymidte

huis

hus

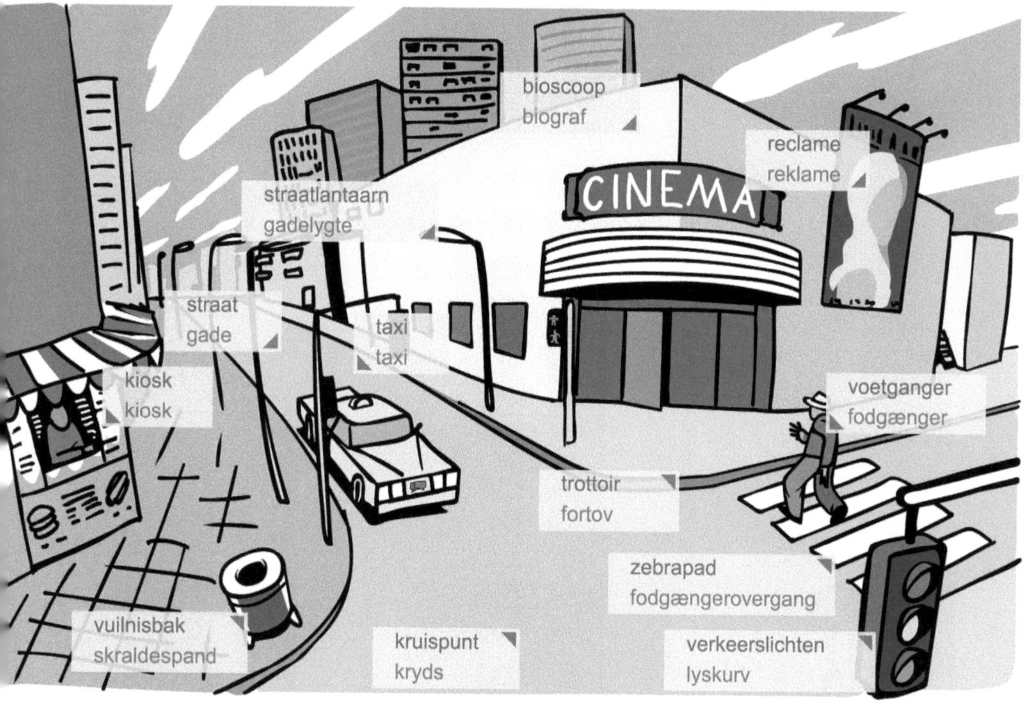

bioscoop
biograf

reclame
reklame

straatlantaarn
gadelygte

CINEMA

straat
gade

taxi
taxi

kiosk
kiosk

voetganger
fodgænger

trottoir
fortov

zebrapad
fodgængerovergang

vuilnisbak
skraldespand

kruispunt
kryds

verkeerslichten
lyskurv

hut
hytte

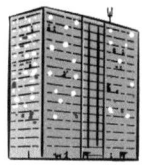

woning
lejlighed

station
banegård

stadshuis
rådhus

museum
museum

school
skole

universiteit

universitet

bank

bank

ziekenhuis

sygehus

hotel

hotel

apotheek

apotek

kantoor

kontor

boekwinkel

boghandel

winkel

butik

bloemenwinkel

blomsterbutik

supermarkt

supermarked

markt

marked

warenhuis

stormagasin

vishandelaar

fiskehandler

winkelcentrum

butikscenter

haven

havn

park
park

bank
bænk

brug
bro

trap
trappe

metro
undergrundsbane

tunnel
tunnel

bushalte
busstoppested

bar
barnevogn

restaurant
restaurant

brievenbus
postkasse

straatnaambord
vejskilt

parkeermeter
parkometer

zoo
zoo

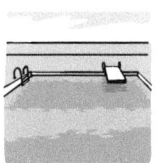

zwembad
badeanstalt

moskee
moske

boerderij

bondegård

milieuverontreiniging

miljøforurening

kerkhof

kirkegård

kerk

kirke

speelplaats

legeplads

tempel

tempel

landschap
landskab

blad
blad

wegwijzer
vejviser

weg
vej

weide
eng

steen
sten

boom
træ

wandelaar
vandrer

rivier
flod

gras
græs

bloem
blomst

vallei
dal

heuvel
bjerg

meer
sø

bos
skov

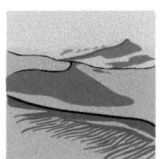

woestijn
ørken

vulkaan
vulkan

kasteel
slot

regenboog
regnbue

paddenstoel
svamp

palmboom
palme

mug
moskito

vlieg
flue

mier
myre

bijl
bi

spin
edderkop

landschap - landskab

15

kever
bille

kikker
frø

eekhoorn
egern

egel
pindsvin

haas
hare

uil
ugle

vogel
fugl

zwaan
svane

wild zwijn
vildsvin

hert
hjort

eland
elg

dam
dæmning

windturbine
vindmølle

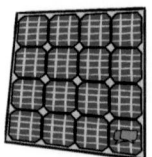

zonnepaneel
solcellemodul

klimaat
klima

restaurant
restaurant

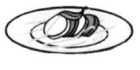

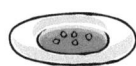

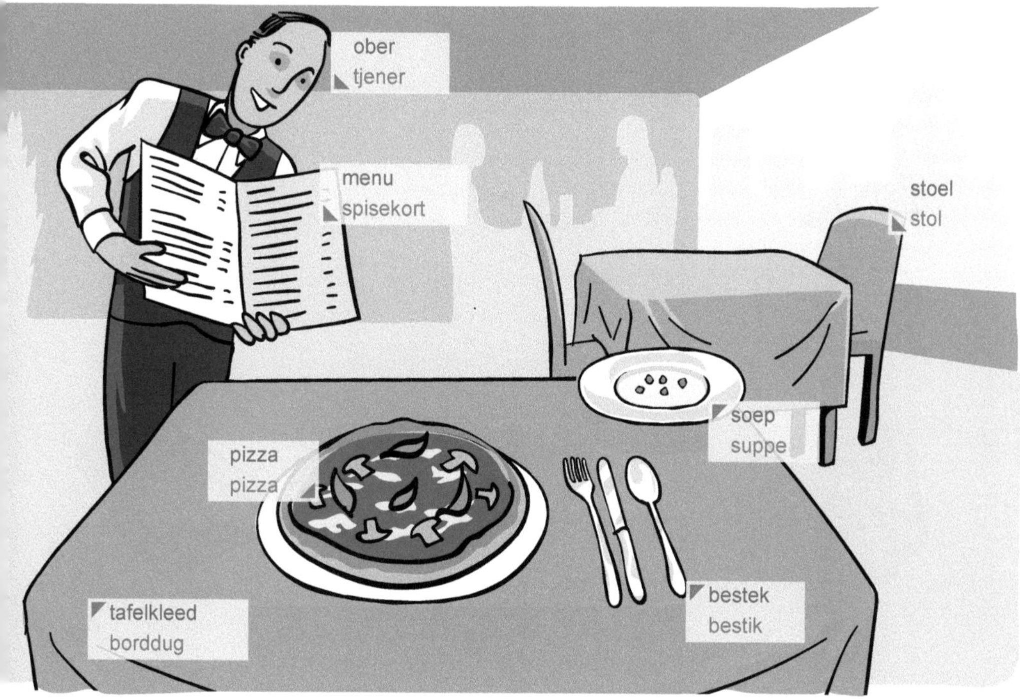
ober
tjener
menu
spisekort
stoel
stol
soep
suppe
pizza
pizza
bestek
bestik
tafelkleed
borddug

voorgerecht
forret

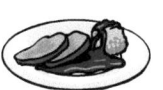

hoofdgerecht
hovedret

nagerecht
dessert

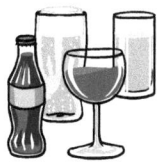

drankjes
drikkevarer

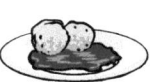

eten
mad

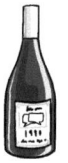

fles
flaske

fastfood
fastfood

street food
streetfood

theepot
tekande

suikerpot
sukkerdåse

portie
portion

espressomachine
espressomaskine

kinderstoel
barnestol

rekening
faktura

dienblad
tablet

mes
kniv

vork
gaffel

lepel
ske

theelepel
teske

serviette
serviet

glas
glas

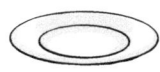

bord
tallerken

soepbord
dyb tallerken

schoteltje
underkop

saus
sovs

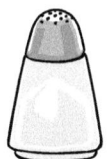

zoutvatje
saltbøsse

pepermolen
peberkværn

azijn
eddike

olie
olie

kruiden
krydderier

ketchup
ketchup

mosterd
sennep

mayonaise
mayonnaise

supermarkt
supermarked

aanbieding
tilbud
FOR
klant
kunde
zuivelproducten
mælkeprodukter
fruit
frugt
winkelwagen
indkøbsvogn

BUTCHERS

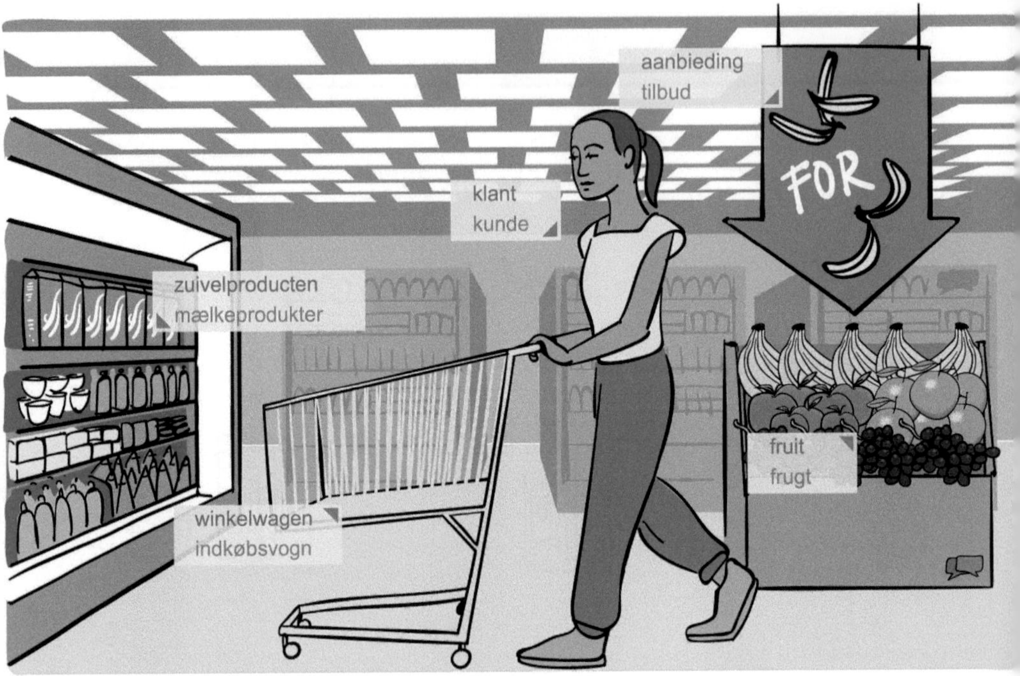

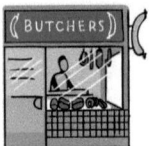

slagerij

slagter

BAKERY

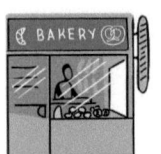

bakkerij

bageri

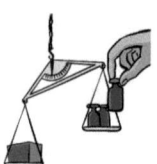

wegen

veje

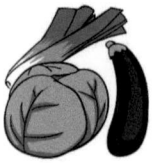

groenten

grøntsager

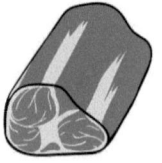

vlees

kød

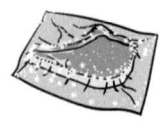

diepvriesvoedsel

frostvarer

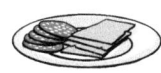

charcuterie
pålæg

conserven
konserves

waspoeder
vaskemiddel

snoep
slik

huishoudproducten
husholdningsvarer

schoonmaakproducten
rengøringsmidler

verkoopster
ekspedient

kassa
kasse

kassier
kasserer

boodschappenlijstje
indkøbsliste

openingstijden
åbningstider

portefeuille
tegnebog

kredietkaart
kreditkort

tas
taske

plastieken zakje
plasticpose

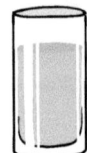

water
vand

sap
saft

melk
mælk

cola
cola

wijn
vin

bier
øl

alcohol
alkohol

cacao
kakao

thee
te

koffie
kaffe

espresso
espresso

cappuccino
cappuccino

banaan

banan

appel

æble

sinaasappel

appelsin

meloen

melon

citroen

citron

wortel

gulerod

knoflook

hvidløg

bamboe

bambus

ajuin

løg

champignon

svamp

noten

nødder

noodles

nudler

spaghetti

spaghetti

rijst

ris

salade

salat

frieten

pomfritter

gebakken aardappelen

stegte kartofler

pizza

pizza

hamburger

hamburger

sandwich

sandwich

kalfslapje

schnitzel

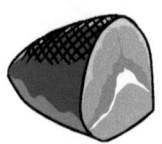

ham

skinke

salami

salami

worst

pølse

kip

kylling

braden

steg

vis

fisk

havervlokken

havregryn

muesli

mysli

cornflakes

cornflakes

bloem

mel

croissant

croissant

pistolet

rundstykke

brood

brød

toast

toast

koekjes

kiks

boter

smør

kwark

kvark

taart

kage

ei

æg

spiegelei

spejlæg

kaas

ost

ijs

is

suiker

sukker

honing

honning

confituur

marmelade

choco

nougat-creme

curry

karry

boerderij
bondegård

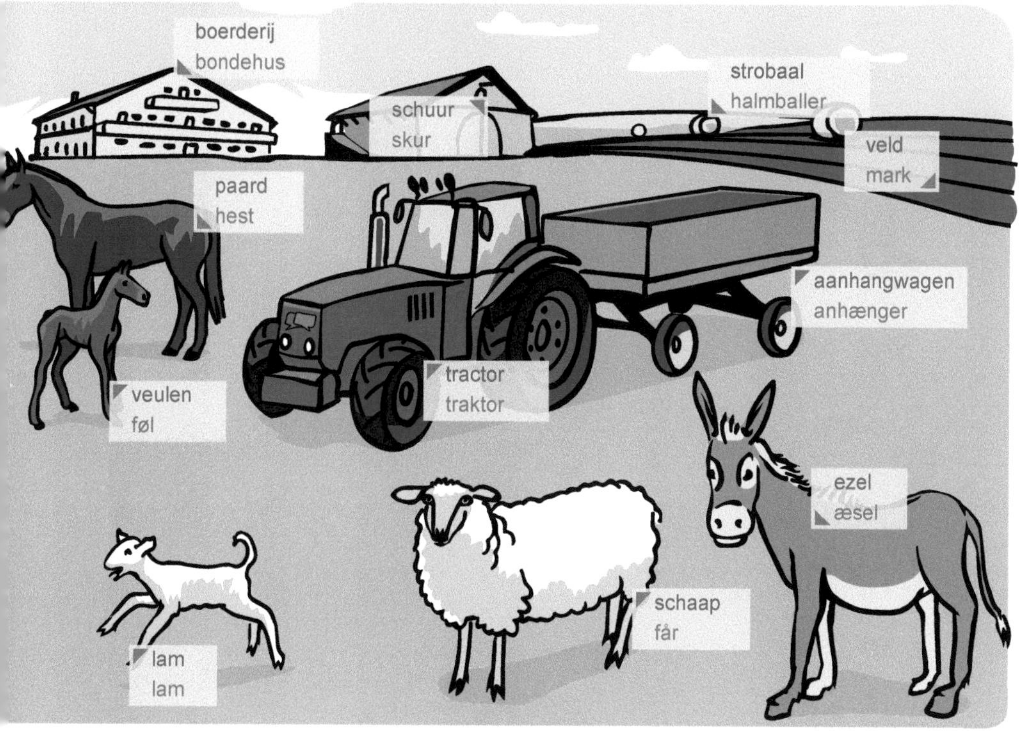
boerderij
bondehus
schuur
skur
strobaal
halmballer
veld
mark
paard
hest
aanhangwagen
anhænger
tractor
traktor
veulen
føl
ezel
æsel
schaap
får
lam
lam

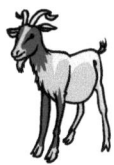

geit
....
ged

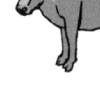

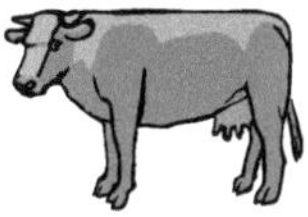

koe
....
ko

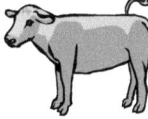

kalf
....
kalv

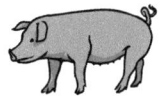

varken
....
svin

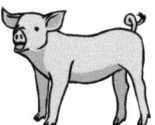

biggetje
....
gris

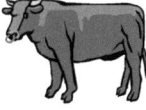

stier
....
tyr

gans

gås

eend

and

kuiken

kylling

kip

høne

haan

hane

rat

rotte

kat

kat

muis

mus

os

okse

hond

hund

hondenhok

hundehus

tuinslang

haveslange

gieter

vandkande

zeis

le

ploeg

plov

sikkel

segl

schoffel

hakkejern

hooivork

møggreb

bijl

økse

kruiwagen

trillebør

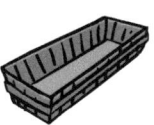

trog

trug

melkkan

mælkekande

zak

sæk

hek

hæk

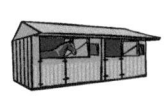

stal

stald

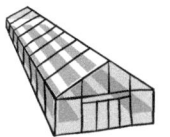

broeikas

drivhus

bodem

jord

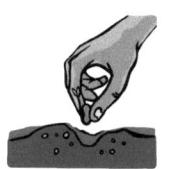

zaad

frø

mest

gødning

maaidorser

mejetærsker

oogsten

høste

oogst

høst

yam

yams

tarwe

hvede

soja

soja

aardappel

kartoffel

maïs

majs

koolzaad

raps

fruitboom

frugttræ

maniok

maniok

graan

korn

huis
hus

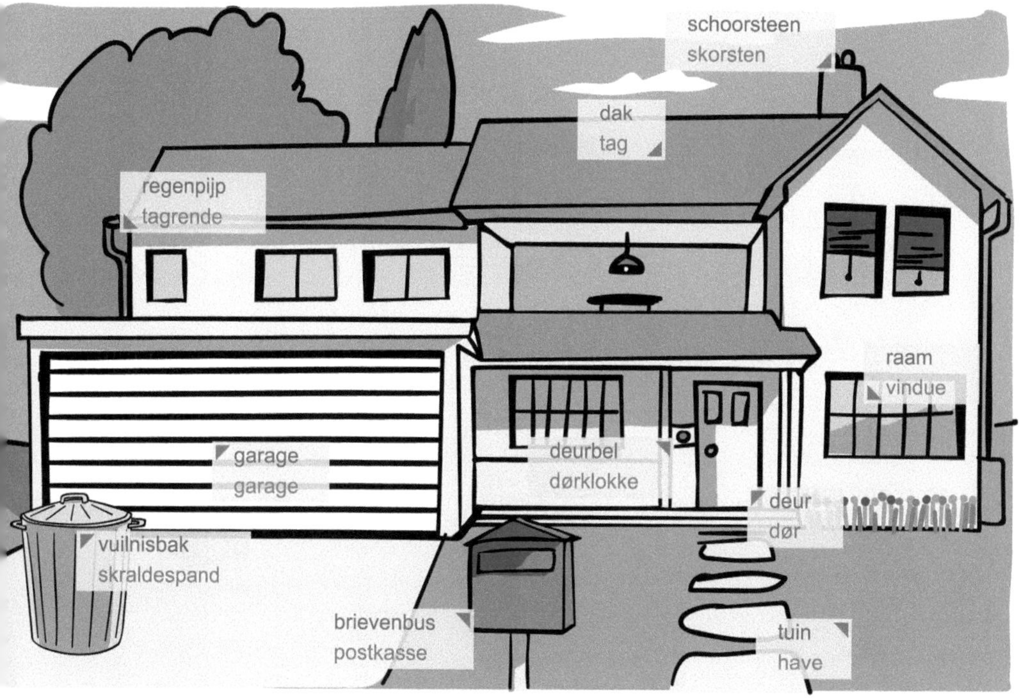
schoorsteen
skorsten
dak
tag
regenpijp
tagrende
raam
vindue
garage
garage
deurbel
dørklokke
deur
dør
vuilnisbak
skraldespand
brievenbus
postkasse
tuin
have

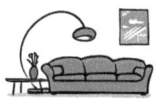

woonkamer

stue

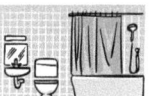

badkamer

badeværelse

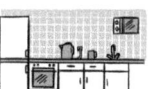

keuken

køkken

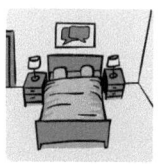

slaapkamer

soveværelse

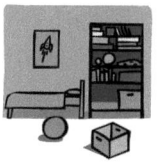

kinderkamer

børneværelse

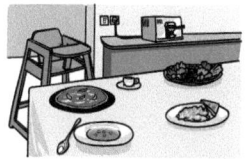

eetkamer

spisestue

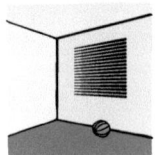

vloer
....
gulv

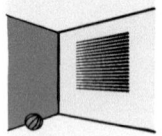

muur
....
væg

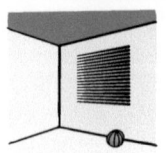

plafond
....
loft

kelder
....
kælder

sauna
....
sauna

balkon
....
altan

terras
....
terrasse

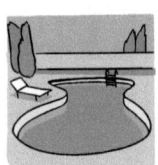

zwembad
....
svømmehal

grasmaaier
....
plæneklipper

dekbedovertrek
....
dynebetræk

dekbed
....
dyne

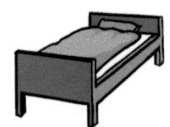

bed
....
seng

bezem
....
kost

emmer
....
spand

schakelaar
....
kontakt

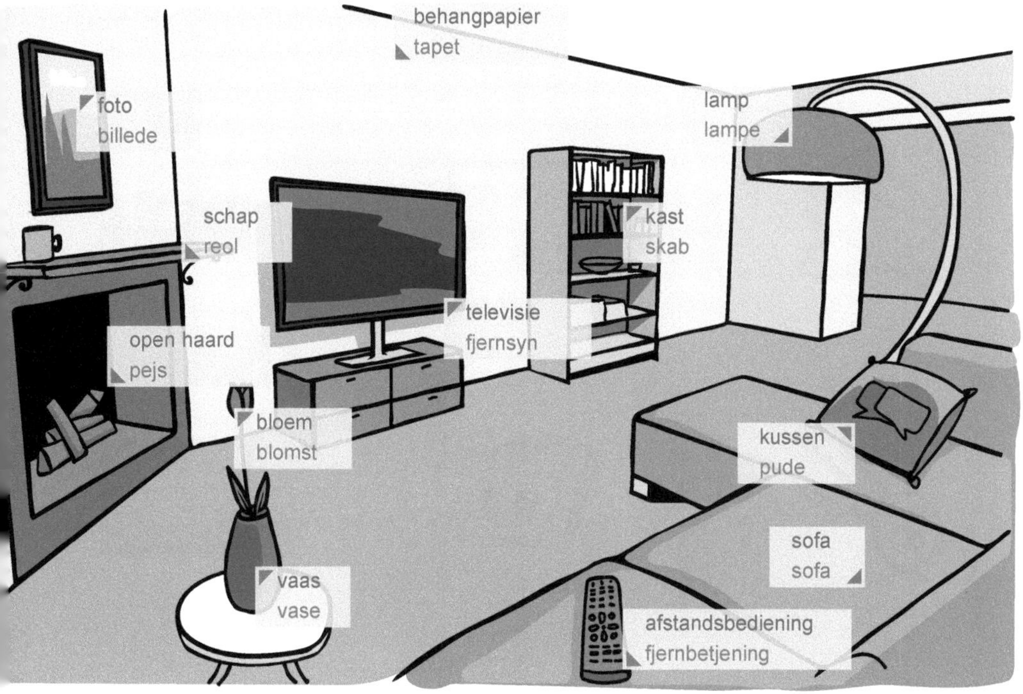

behangpapier
tapet

foto
billede

lamp
lampe

schap
reol

kast
skab

open haard
pejs

televisie
fjernsyn

bloem
blomst

kussen
pude

sofa
sofa

vaas
vase

afstandsbediening
fjernbetjening

mat
....
gulvtæppe

gordijn
....
gardin

tafel
....
bord

stoel
....
stol

schommelstoel
....
gyngestol

fauteuil
....
lænestol

boek

bog

deken

tæppe

decoratie

dekoration

brandhout

brænde

film

film

stereo-installatie

stereoanlæg

sleutel

nøgle

krant

avis

schilderij

maleri

poster

plakat

radio

radio

notitieboekje

notesblok

stofzuiger

støvsuger

cactus

kaktus

kaars

lys

keuken
køkken

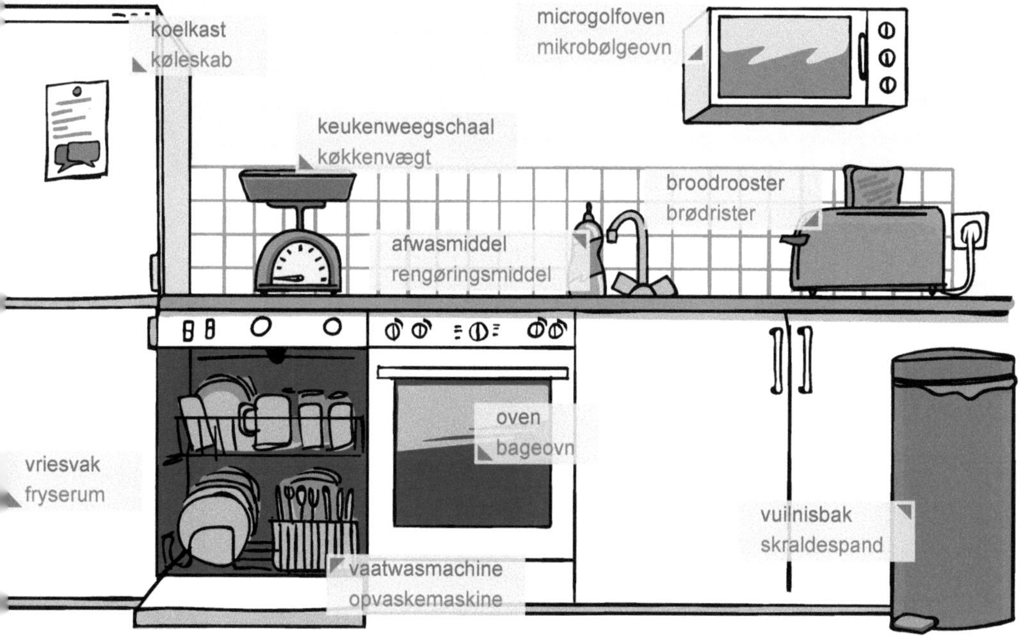
koelkast
køleskab
microgolfoven
mikrobølgeovn
keukenweegschaal
køkkenvægt
broodrooster
brødrister
afwasmiddel
rengøringsmiddel
oven
bageovn
vriesvak
fryserum
vuilnisbak
skraldespand
vaatwasmachine
opvaskemaskine

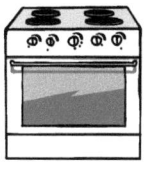

fornuis

komfur

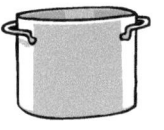

pot

gryde

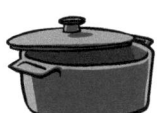

gietijzeren pot

jerngryde

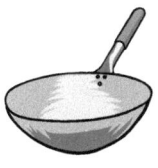

wok / kadai

wok / kadai

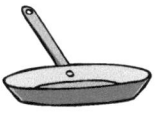

pan

pande

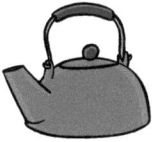

waterkoker

elkedel

stoomkoker

dampkoger

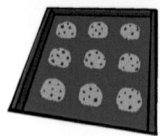

bakplaat

bageplade

servies

service

mok

bæger

kom

skål

eetstokjes

spisepinde

pollepel

øseske

spatel

paletkniv

garde

piskeris

vergiet

dørslag

zeef

si

rasp

rive

mortier

morter

barbecue

grille

haardvuur

ildsted

snijplank

skærebræt

deegrol

kagerulle

kurkentrekker

proptrækker

blik

dåse

blikopener

dåseåbner

pannenlap

grydelap

gootsteen

køkkenvask

borstel

børste

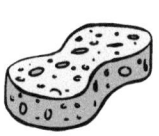

spons

svamp

blender

blender

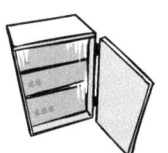

vriezer

dybfryser

papfles

sutteflaske

kraan

vandhane

badkamer
badeværelse

verwarming
radiator
handdoek
håndklæde
douche
brusebad
douchegordijn
bruserforhæng
bubbelbad
skumbad
badkuip
badekar
glas
glas
wasmachine
vaskemaskine
kraan
vandhane
tegels
fliser
kinderpo
tissepotte
gootsteen
køkkenvask

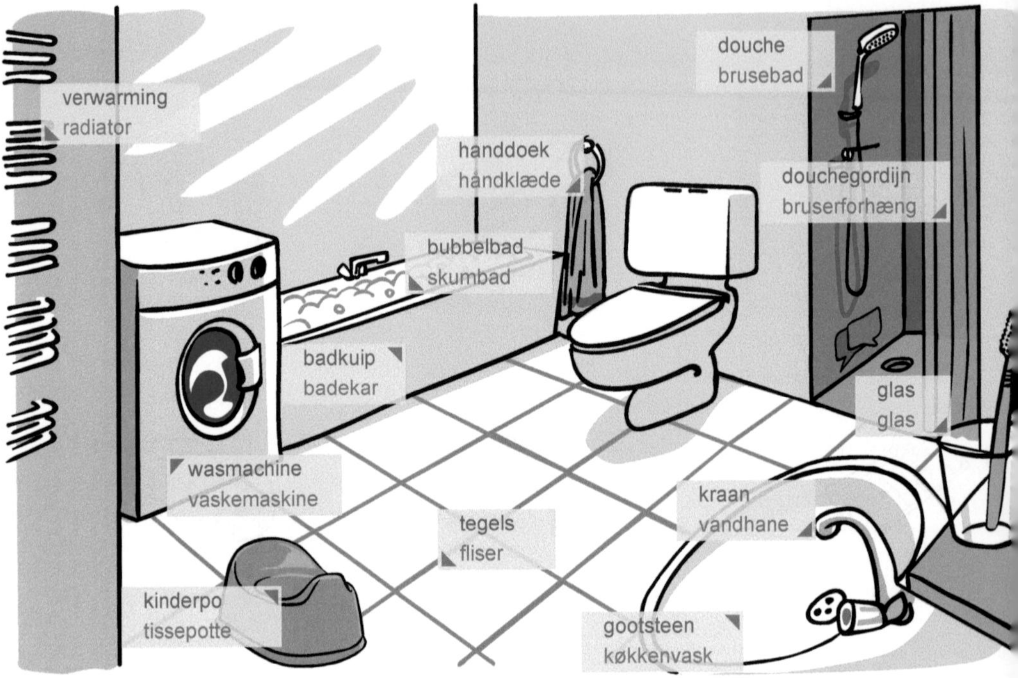

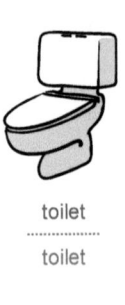

toilet

toilet

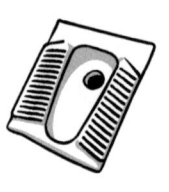

hurktoilet

hugsiddende toilet

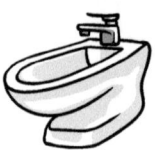

bidet

bidet

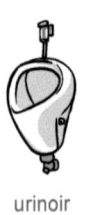

urinoir

pissoir

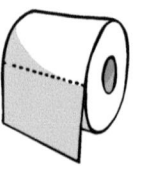

toiletpapier

toiletpapir

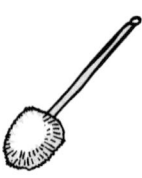

toiletborstel

toiletbørste

tandenborstel

tandbørste

tandpasta

tandpasta

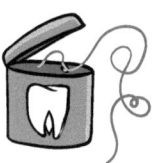

flosdraad

tandtråd

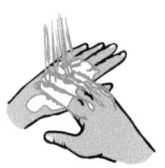

wassen

vaske

handdouche

håndbruser

bidethanddouche

intimbruser

waskom

vaskefad

rugborstel

badebørste

zeep

sæbe

douchegel

brusegele

shampoo

shampoo

washandje

vaskeklud

afvoer

afløb

crème

creme

deodorant

deodorant

spiegel

spejl

handspiegel

kosmetikspejl

scheermes

barberhøvl

scheerschuim

barberskum

aftershave

barbervand

kam

kam

borstel

børste

haardroger

hårtørrer

haarlak

hårspray

make-up

makeup

lippenstift

læbestift

nagellak

neglelak

watten

vat

nagelknipper

neglesaks

parfum

parfume

toilettas

toilettaske

kruk

skammel

weegschaal

vægt

badjas

badekåbe

latex handschoenen

gummihandsker

tampon

tampon

maandverband

damebind

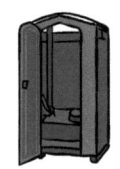

chemisch toilet

kemisk toilet

kinderkamer
børneværelse

wekker
vækkeur
knuffel
bamse
speelgoedauto
legetøjsbil
rammelaar
skralde
poppenhuis
dukkehus
geschenk
gave

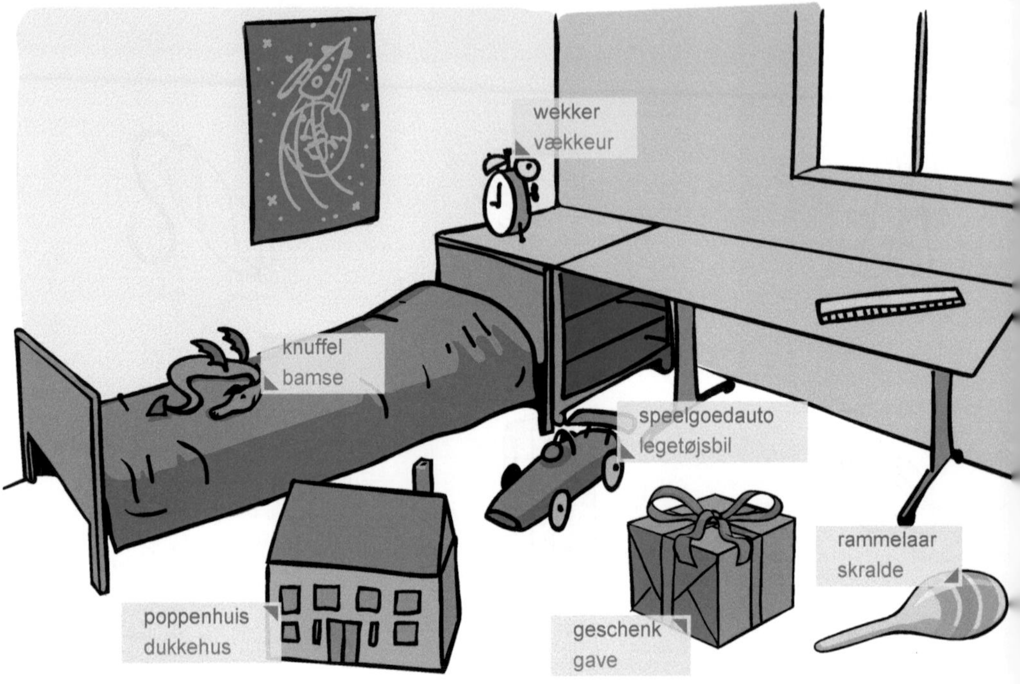

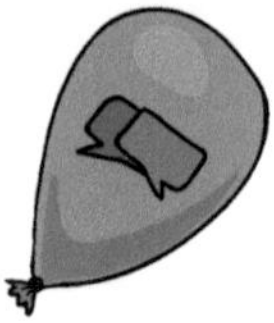

ballon

ballon

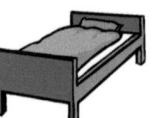

bed

seng

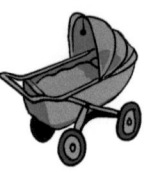

kinderwagen

barnevogn

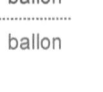

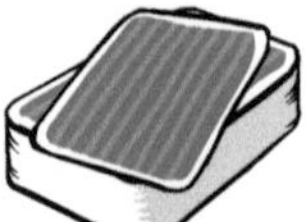

spel kaarten

kortspil

puzzel

puslespil

SUPER MEGA

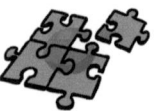

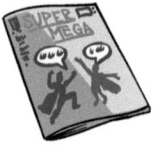

stripboek

tegneserie

legoblokjes

legoklodser

blokken

byggeklodser

actiefiguur

action figur

kruippakje

sparkedragt

frisbee

frisbee

mobiel

uro

bordspel

brætspil

dobbelsteen

terning

modelspoorweg

modeljernbane

fopspeen

sut

feest

fest

prentenboek

billedbog

bal

bold

pop

dukke

spelen

lege

zandbak

sandkasse

schommel

gynge

speelgoed

legetøj

spelconsole

spillekonsol

driewieler

trehjulet cykel

knuffelbeer

bamse

kleerkast

klædeskab

kleding

tøj

sokken

sokker

kousen

strømper

maillot

strømpebukser

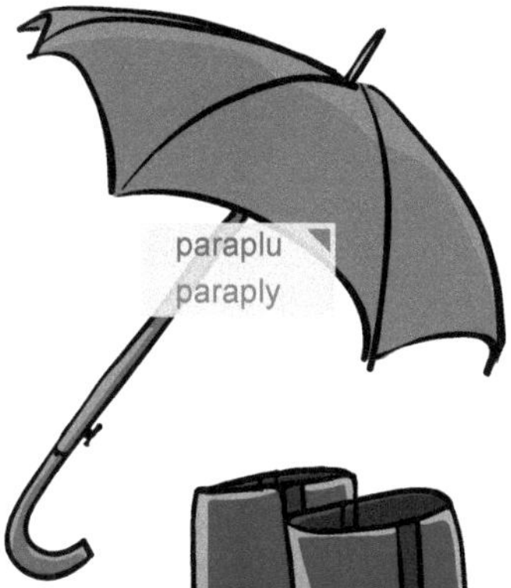

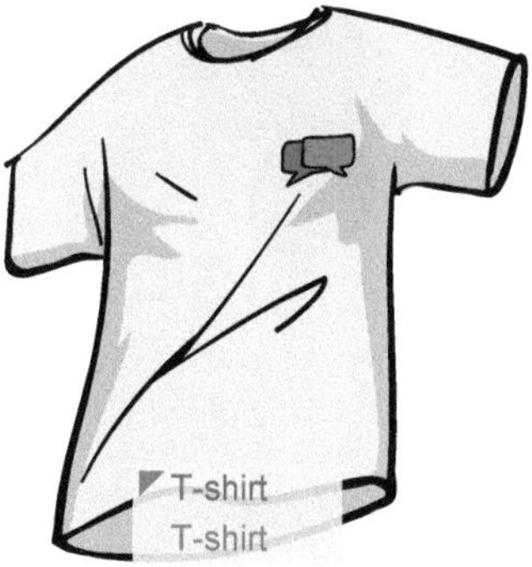

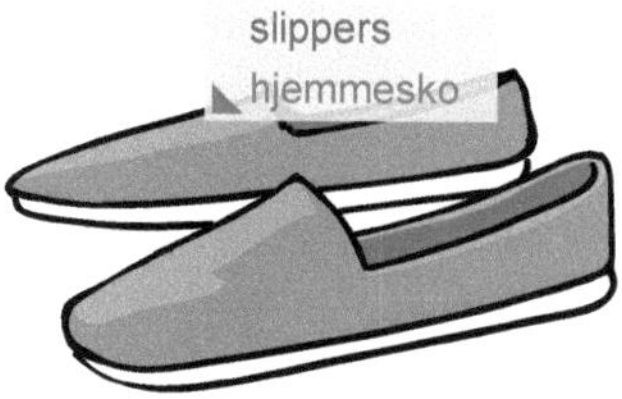

sjaal
sjal

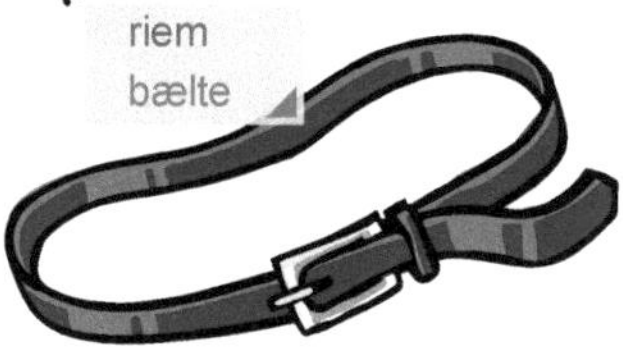

paraplu
paraply

riem
bælte

T-shirt
T-shirt

laarzen
støvler

slippers
hjemmesko

sneakers
sneakers

sandalen
sandaler

schoenen
sko

rubberlaarzen
gummistøvler

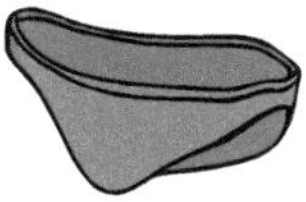

onderbroek
underbukser

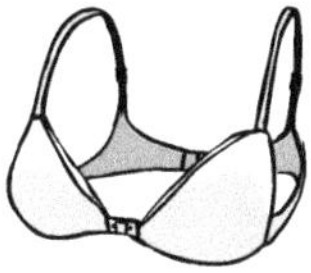

beha
BH

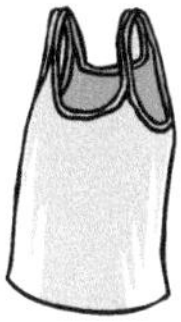

onderhemd
undertrøje

lichaam
body

broek
bukser

jeans
jeans

rok
nederdel

blouse
bluse

hemd
skjorte

trui
pullover

capuchontrui
sweatshirt

blazer
blazer

jas
jakke

jas
frakke

regenjas
regnfrakke

kostuum
kostume

jurk
kjole

trouwjurk
brudekjole

pak
jakkesæt

nachthemd
nattrøje

pyjama
pyjamas

sari
sari

hoofddoek
hovedtørklæde

tulband
turban

boerka
burka

kaftan
kaftan

abaya
abaya

badpak
badedragt

zwembroek
badebukser

short
korte bukser

trainingspak
træningsdragt

schort
forklæde

handschoenen
handsker

knoop

knap

bril

briller

armband

armbånd

ketting

kæde

ring

ring

oorbel

ørering

pet

hue

kapstok

bøjle

hoed

hat

das

slips

rits

lynlås

helm

hjelm

bretellen

seler

schooluniform

skoleuniform

uniform

uniform

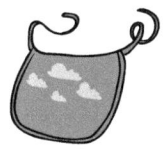

slabbetje

hagesmæk

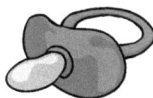

fopspeen

sut

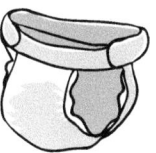

luier

ble

kantoor

kontor

server
server
dossierkast
arkivskab
printer
printer
papier
papir
monitor
skærm
muis
mus
bureau
skrivebord
map
mappe
toestenbord
tastatur
papiermand
papirkurv
computer
computer
stoel
stol

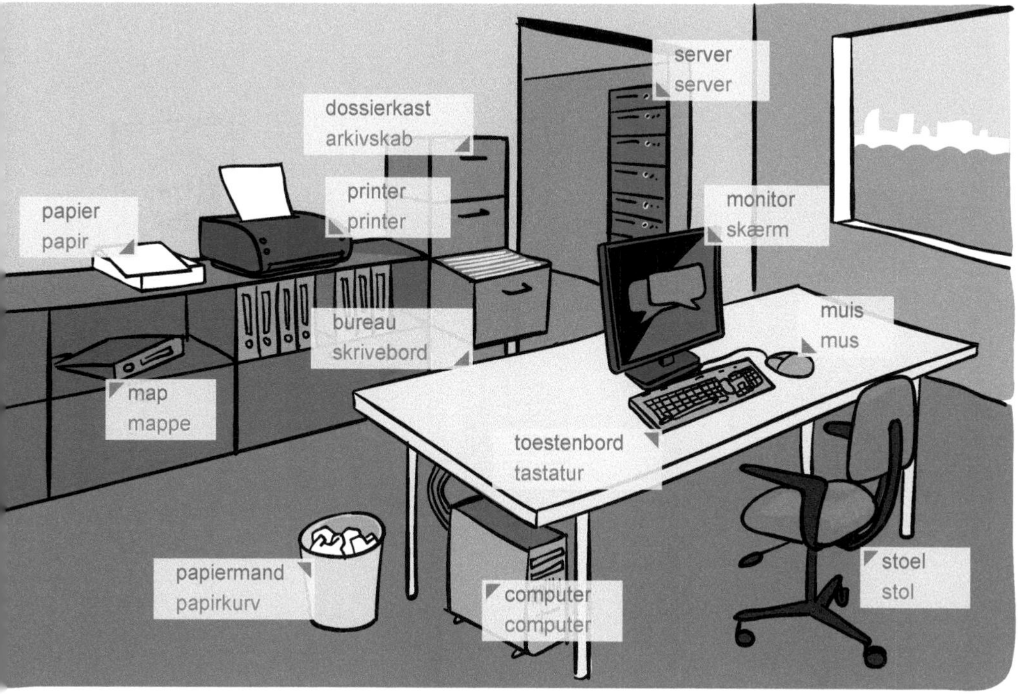

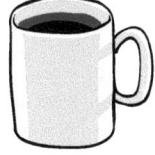

koffiemok

kaffekrus

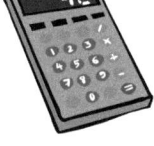

rekenmachine

lommeregner

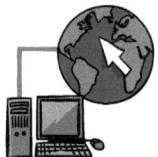

internet

internet

laptop
bærbar

brief
brev

bericht
besked

gsm
mobil

netwerk
netværk

kopieerapparaat
kopimaskine

software
software

telefoon
telefon

stopcontact
stikdåse

fax
fax

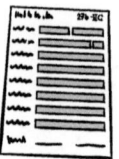

formulier
formular

document
dokument

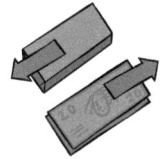

kopen
köbe

betalen
betale

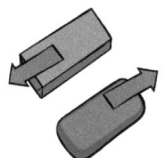

handelen
handle

geld
penge

dollar
dollar

euro
euro

yen
yen

roebel
rubel

Zwitserse frank
schweizerfranc

Chinese renminbi
renminbi yuan

roepie
rupee

geldautomaat
hæveautomat

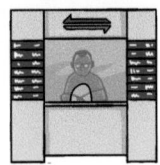

wisselkantoor

vekselkontor

goud

guld

zilver

sølv

olie

olie

energie

energi

prijs

pris

contract

kontrakt

belasting

skat

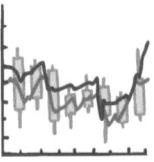

aandeel

aktie

werken

arbejde

werknemer

ansat

werkgever

arbejdsgiver

fabriek

fabrik

winkel

butik

beroepen
erhverv

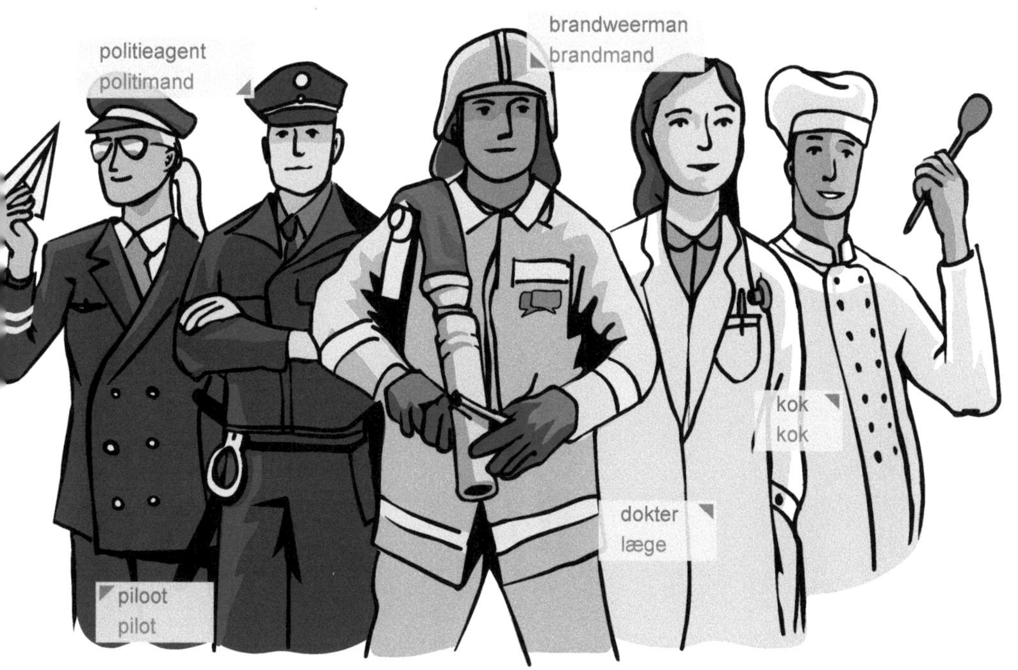

politieagent
politimand
brandweerman
brandmand
kok
kok
dokter
læge
piloot
pilot

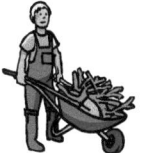

tuinman

gartner

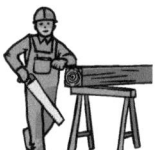

timmerman

tømrer

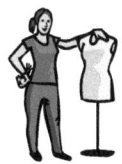

naaister

syerske

rechter

dommer

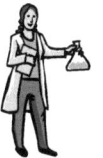

chemicus

kemiker

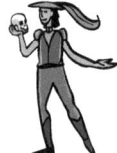

acteur

skuespiller

buschauffeur

buschauffør

taxichauffeur

taxachauffør

visser

fisker

schoonmaakster

rengøringskone

dakdekker

tagdækker

ober

tjener

jager

jæger

schilder

maler

bakker

bager

elektricien

elektriker

bouwvakker

bygningsarbejder

ingenieur

ingeniør

slager

slagter

loodgieter

vvs-mand

postbode

postbud

soldaat

soldat

architect

arkitekt

kassier

kasserer

bloemist

blomsterhandler

kapper

frisør

conducteur

togfører

mecanicien

mekaniker

kapitein

kaptajn

tandarts

tandlæge

wetenschapper

videnskabsmand

rabbijn

rabbiner

imam

imam

monnik

munk

geestelijke

præst

werktuigen
værktøj

hamer
hammer
tang
tang
schroevendraaier
skruedrejer
zaklamp
lommelygte
schroefsleutel
skruenøgle

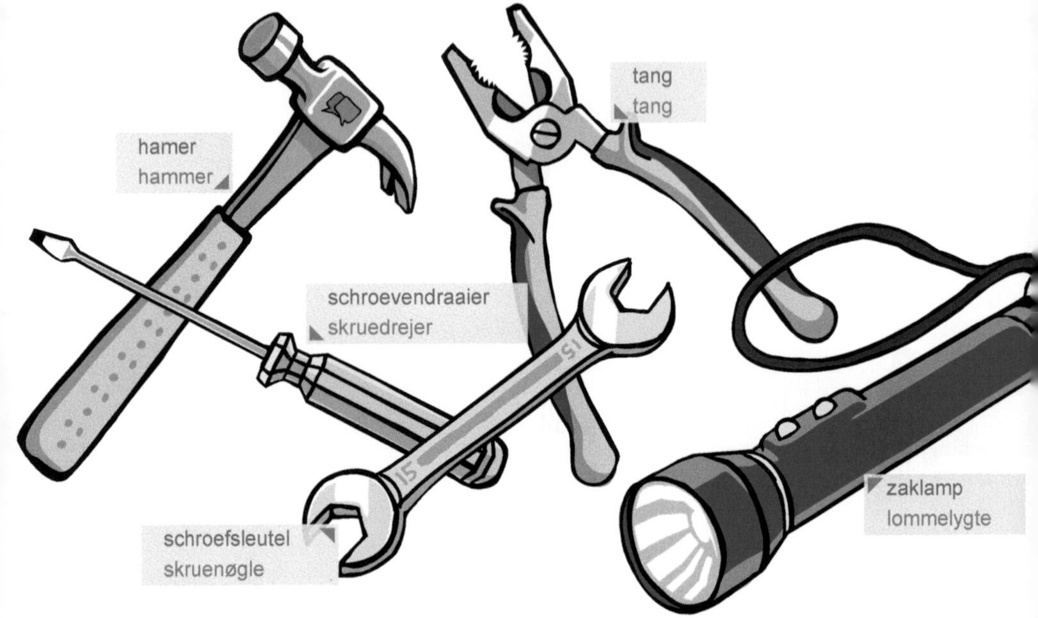

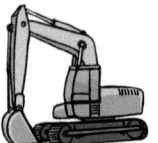

graafmachine

gravemaskine

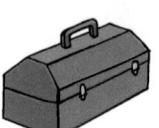

gereedschapskoffer

værktøjskasse

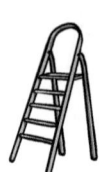

ladder

stige

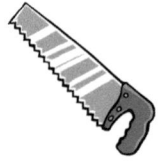

zaag

sav

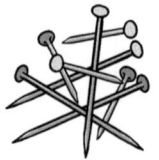

spijkers

søm

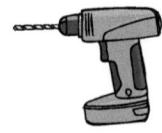

boormachine

bor

repareren

reparere

schop

skovl

Verdomme!

Lort!

blik

fejebakke

verfpot

malerspand

schroeven

skruer

muziekinstrumenten
musikinstrumenter

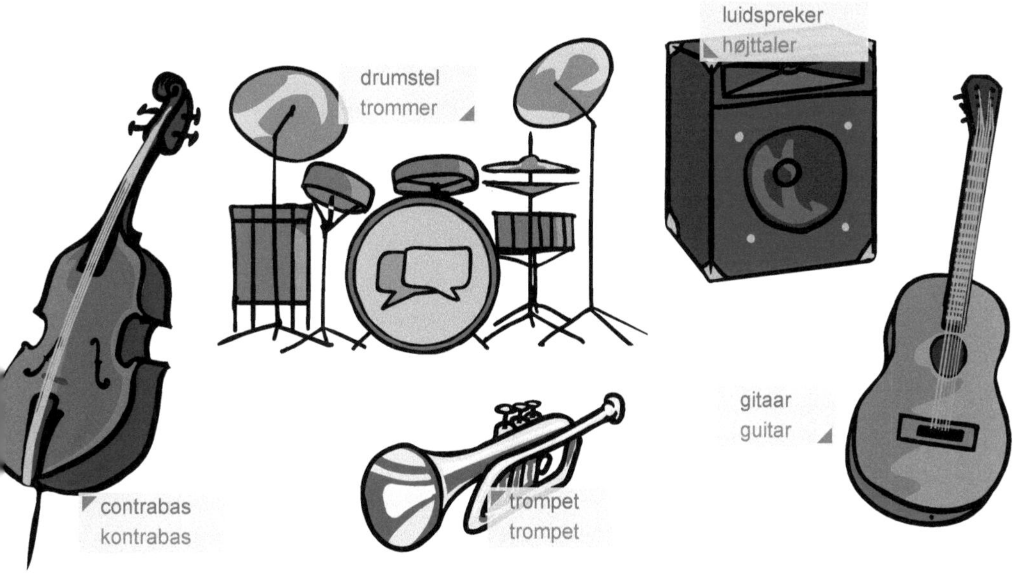

drumstel
trommer

luidspreker
højttaler

gitaar
guitar

contrabas
kontrabas

trompet
trompet

piano

klaver

viool

violin

basgitaar

bas

pauk

pauke

trommels

tromme

keyboard

keyboard

saxofoon

saxofon

fluit

fløjte

microfoon

mikrofon

ZOO

ZOO

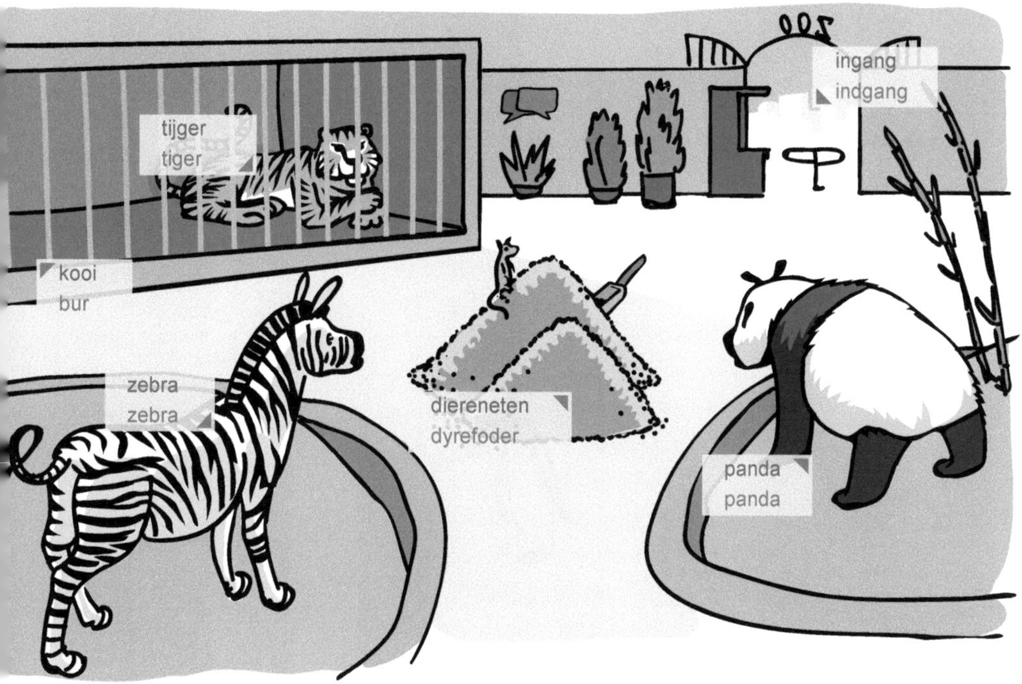

zoo
ingang
indgang
tijger
tiger
kooi
bur
zebra
zebra
diereneten
dyrefoder
panda
panda

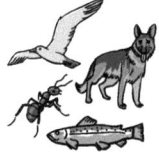

dieren
dyr

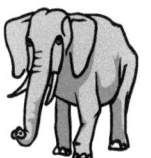

olifant
elefant

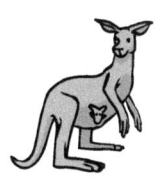

kangoeroe
kænguru

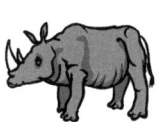

neushoorn
næsehorn

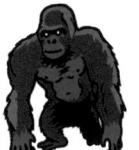

gorilla
gorilla

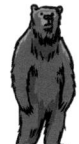

beer
bjørn

kameel

kamel

struisvogel

struds

leeuw

løve

aap

abe

flamingo

flamingo

papegaai

papegøje

ijsbeer

isbjørn

pinguïn

pingvin

haai

haj

pauw

påfugl

slang

slange

krokodil

krokodille

dierenverzorger

dyrepasser

zeehond

sæl

jaguar

jaguar

pony
pony

luipaard
leopard

nijlpaard
flodhest

giraffe
giraf

adelaar
ørn

wild zwijn
vildsvin

vis
fisk

zeeschildpad
skildpadde

walrus
hvalros

vos
ræv

gazelle
gazelle

rugby
amerikansk football

wielrennen
cykling

tennis
tennis

basketbal
basketball

zwemmen
svømning

boksen
boksning

ijshockey
ishockey

voetbal

fodbold

badminton

badminton

atletiek

atletik

handbal

håndbold

skiën

skiløb

polo

polo

activiteiten
aktiviteter

lachen
grine
springen
springe
knuffelen
give et knus
wandelen
gå
zingen
synge
dromen
drømme
bidden
bede
kussen
kysse

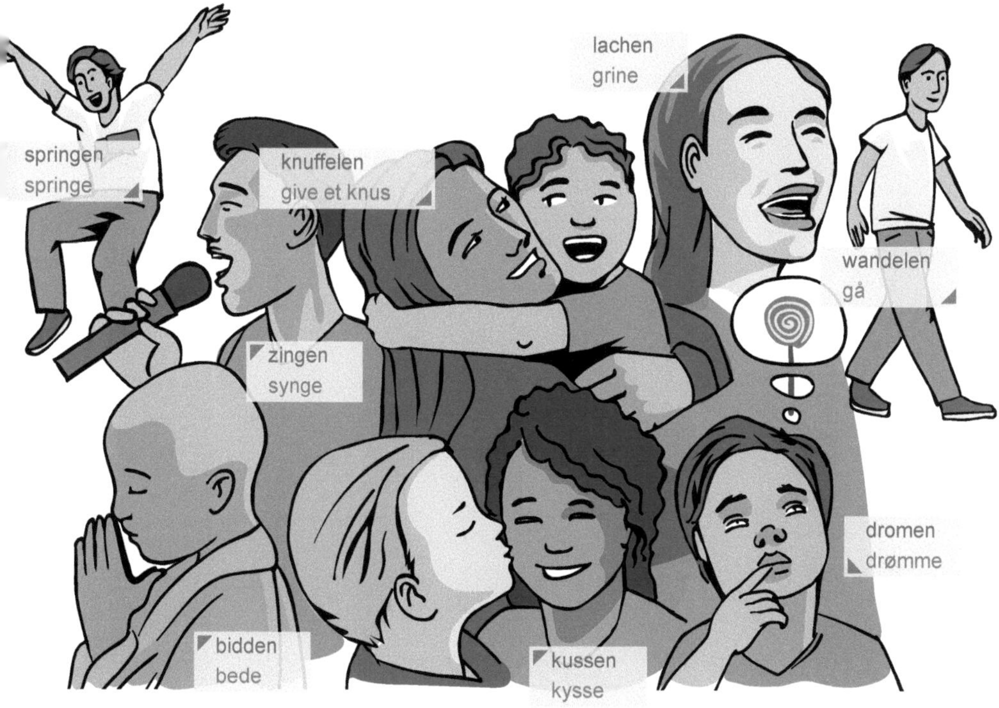

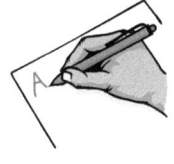

schrijven

skrive

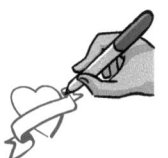

tekenen

tegne

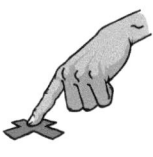

tonen

vise

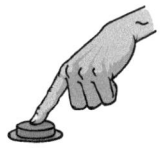

duwen

skubbe

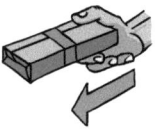

geven

give

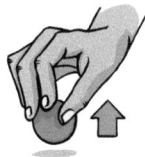

nemen

tage

hebben
have

doen
gøre

zijn
være

staan
stå

lopen
løbe

trekken
trække

gooien
kaste

vallen
falde

liggen
ligge

wachten
vente

dragen
bære

zitten
sidde

aankleden
tage på

slapen
sove

ontwaken
vågne

kijken naar

se på

wenen

græde

aaien

ae

kammen

kæmme

praten

tale

begrijpen

forstå

vragen

spørge

luisteren

høre

drinken

drikke

eten

spise

opruimen

rydde op

houden van

elske

koken

koge

rijden

køre

vliegen

flyve

zeilen

sejle

rekenen

regne

Lezen

læse

leren

lære

werken

arbejde

trouwen

gifte sig med

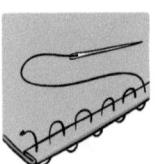

naaien

sy

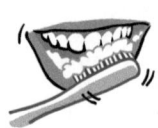

tandenpoetsen

børste tænder

doden

dræbe

roken

ryge

sturen

sende

grootmoeder
bedstemor

grootvader
bedstefar

vader
far

moeder
mor

baby
baby

dochter
datter

zoon
søn

gast	tante	oom
gæst	tante	onkel

broer	zus
bror	søster

lichaam
krop

voorhoofd
pande
oog
øje
schouder
skulder
vinger
finger
gezicht
ansigt
kin
hage
hand
hånd
been
ben
borst
bryst
arm
arm

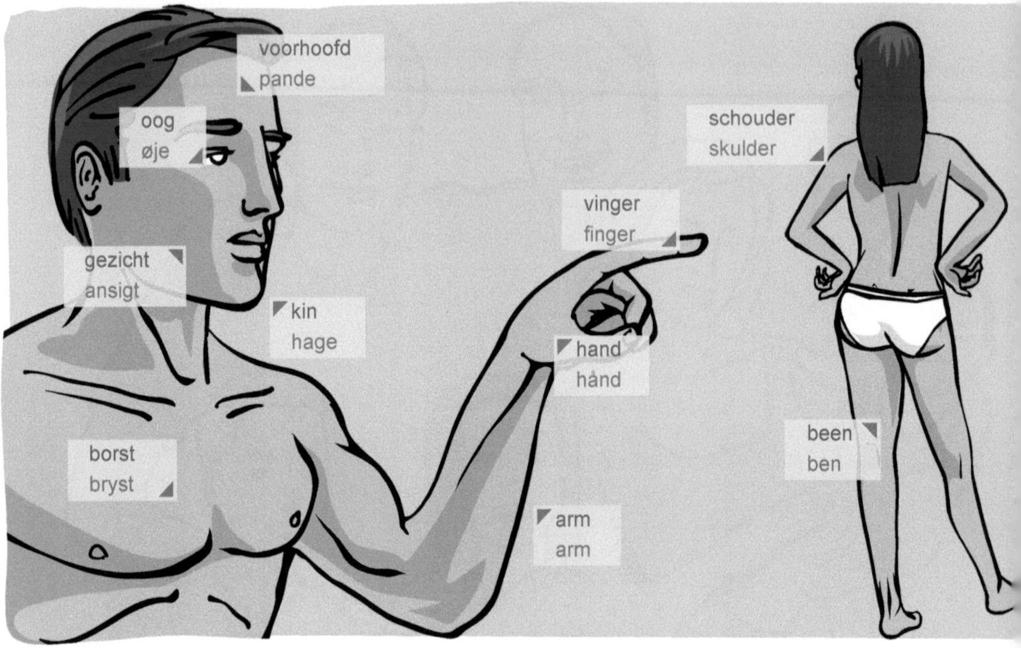

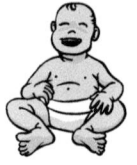

baby
baby

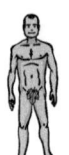

man
mand

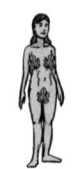

vrouw
kvinde

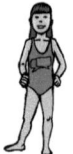

meisje
pige

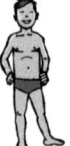

jongen
dreng

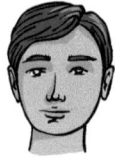

hoofd
hoved

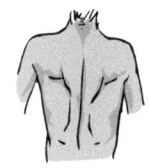

rug
ryg

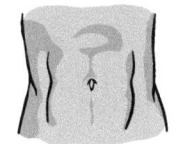

buik
mave

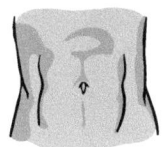

navel
navle

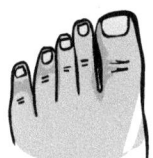

teen
tå

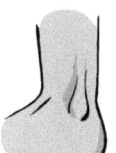

hiel
hæl

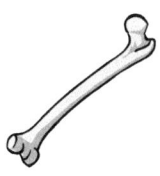

bot
knogle

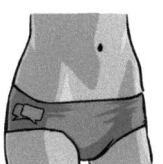

heup
hofte

knie
knæ

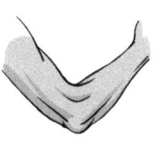

elleboog
albue

neus
næse

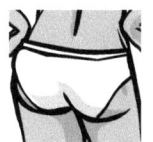

zitvlak
bagdel

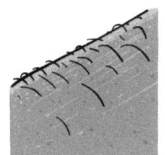

huid
hud

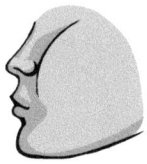

wang
kind

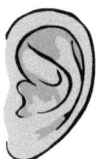

oor
øre

lip
læbe

mond
mund

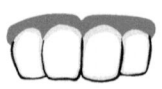

tand
tand

tong
tunge

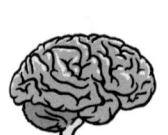

hersenen
hjerne

hart
hjerte

spier
muskel

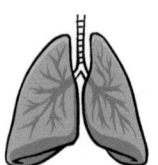

long
lunge

lever
lever

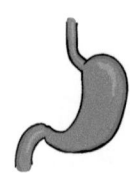

maag
mavesæk

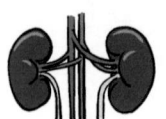

nieren
nyrer

seks
sex

condoom
kondom

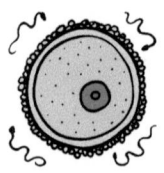

eicel
ægcelle

sperma
sperm

zwangerschap
svangerskab

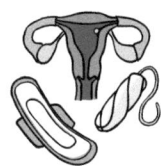

menstruatie

menstruation

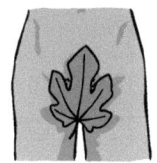

vagina

vagina

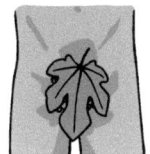

penis

penis

wenkbrauw

øjenbryn

haar

hår

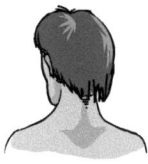

nek

hals

ziekenhuis
sygehus

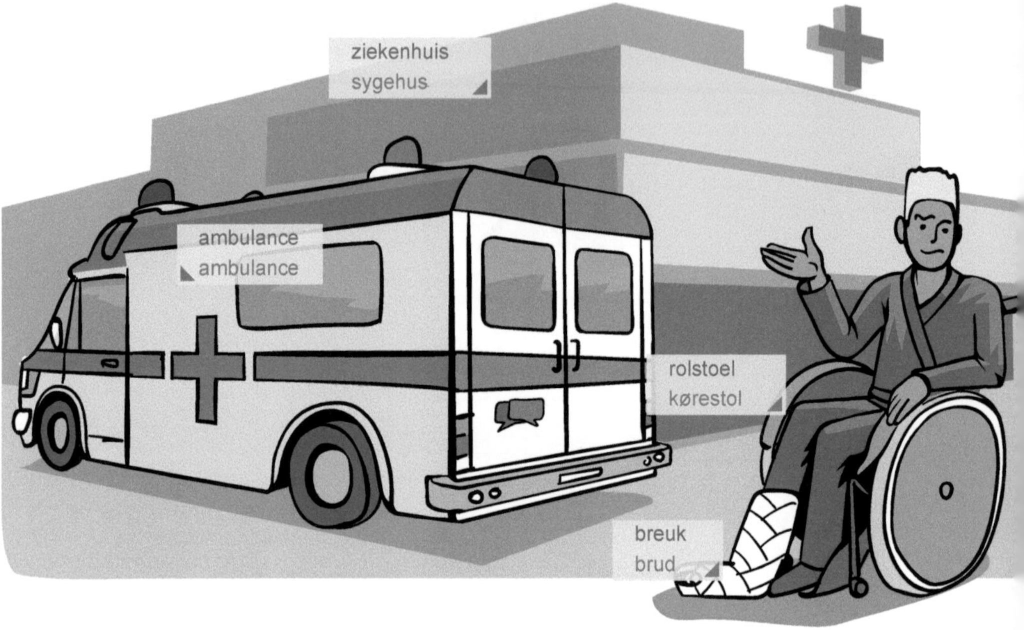

ziekenhuis
sygehus
ambulance
ambulance
rolstoel
kørestol
breuk
brud

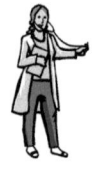

dokter

læge

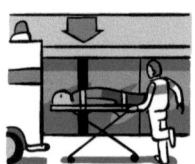

spoed

akutmodtagelse

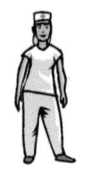

verpleegkundige

sygeplejerske

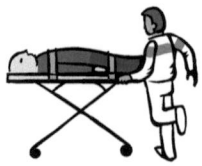

noodgeval

nødstilfælde

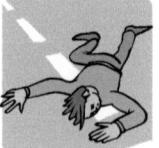

bewusteloos

bevidstløs

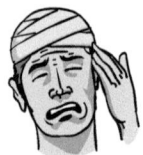

pijn

smerte

verwonding
skade

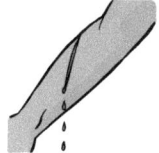

bloeding
blødning

hartaanval
hjerteinfarkt

beroerte
slagtilfælde

allergie
allergi

hoest
hoste

koorts
feber

griep
influenza

diarree
diarré

hoofdpijn
hovedpine

kanker
kræft

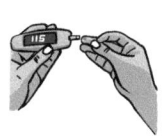

diabetes
diabetes

chirurg
kirurg

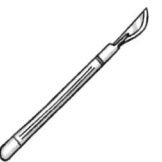

scalpel
skalpel

operatie
operation

CT
CT

röntgenstraal
røntgen

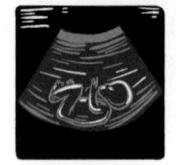

ultrageluid
ultralyd

gezichtsmasker
maske

ziekte
sygdom

wachtkamer
venteværelse

kruk
krykke

pleister
plaster

verband
forbinding

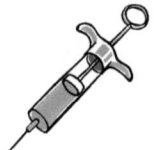

injectie
injektion

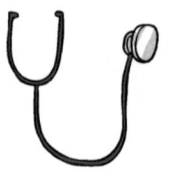

stethoscoop
stetoskop

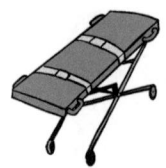

brancard
båre

thermometer
termometer

geboorte
fødsel

overgewicht
overvægt

hoorapparaat

høreapparat

ontsmettingsmiddel

desinficerende middel

infectie

infektion

virus

virus

HIV / AIDS

HIV / AIDS

medicijn

medicin

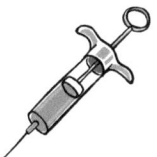

vaccinatie

vaccination

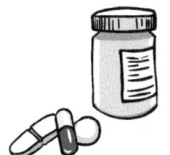

tabletten

tabletter

pil

pille

noodoproep

nødopkald

bloeddrukmeter

blodtryksmåler

ziek / gezond

syg / rask

Help!	alarm	overval
Hjælp!	alarm	overfald

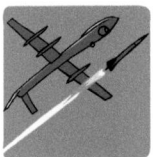		
aanval	gevaar	nooduitgang
angreb	fare	nødudgang

Brand!	brandblusser	ongeval
Det brænder!	ildslukker	uheld

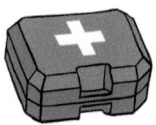		
EHBO-kit	SOS	politie
førstehjælps-kuffert	SOS	politi

Europa

Europa

Noord-Amerika

Nordamerika

Zuid-Amerika

Sydamerika

Afrika

Afrika

Azië

Asien

Australië

Australien

Atlantische Oceaan

Atlanterhavet

Stille Oceaan

Stillehavet

Indische Oceaan

Indiske Ocean

Antarctische Oceaan

Sydlige Ishav

Arctische Oceaan

Ishav

Noordpool

Nordpol

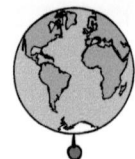

Zuidpool
Sydpol

Antarctica
Antarktis

aarde
Jorden

land
land

zee
hav

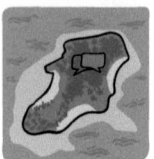

eiland
ø

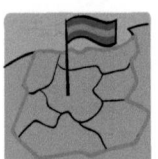

natie
nation

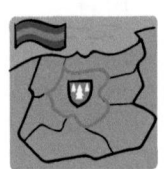

staat
stat

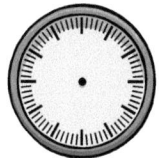

wijzerplaat

urskive

uurwijzer

timeviser

minuutwijzer

minutviser

secondewijzer

sekundviser

Hoe laat is het?

Hvad er klokken?

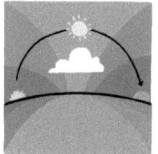

dag

dag

tijd

tid

nu

nu

digitale horloge

digitalur

minuut

minut

uur

time

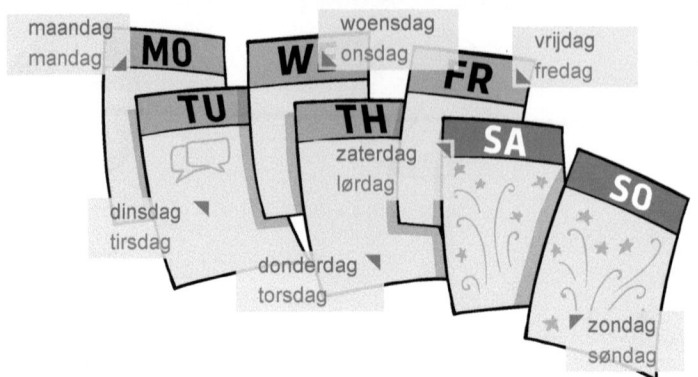

maandag / mandag — MO
woensdag / onsdag — W
vrijdag / fredag — FR
TU
TH
zaterdag / lørdag
SA
dinsdag / tirsdag
donderdag / torsdag
SO
zondag / søndag

gisteren
i går

vandaag
i dag

morgen
i morgen

ochtend
morgen

middag
middag

avond
aften

werkdagen
arbejdsdage

weekend
weekend

regen
regn

regenboog
regnbue

wind
vind

sneeuw
sne

lente
forår

herfst
efterår

zomer
sommer

winter
vinter

4.APRIL	11°	☀
5.APRIL	4°	
6.APRIL	13°	
7.APRIL	8°	☀
8.APRIL	10°	☀

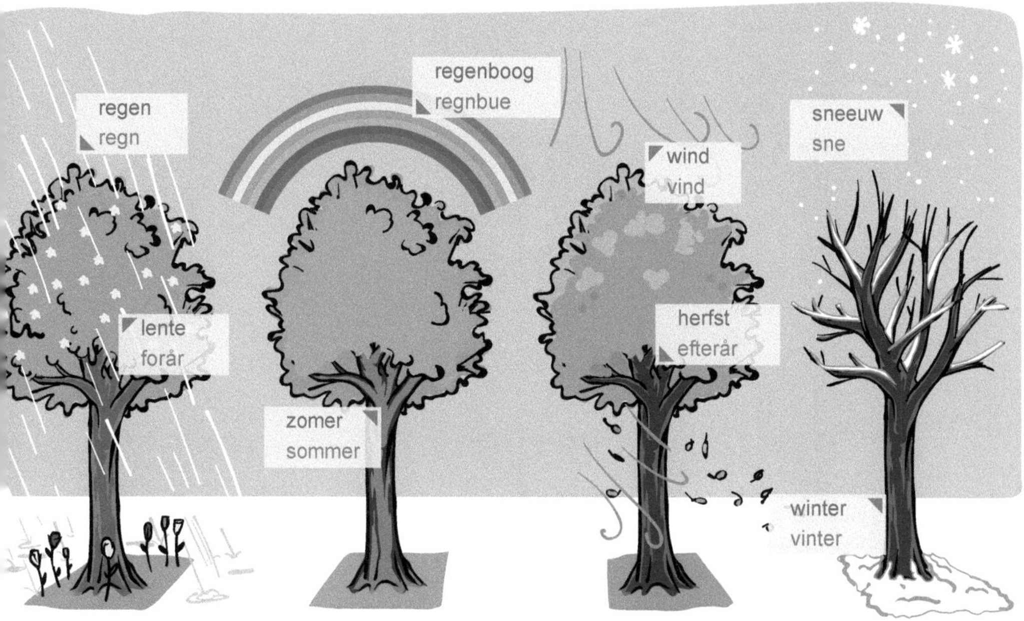

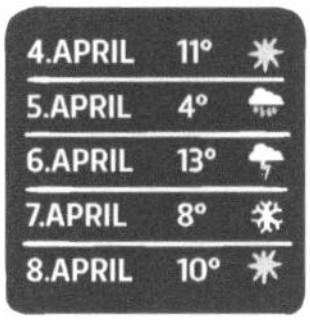

weervoorspelling

vejrudsigt

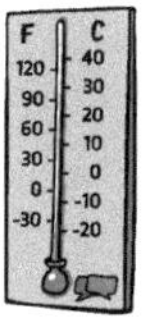

thermometer

termometer

zonneschijn

solskin

wolk

sky

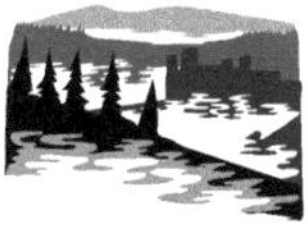

mist

tåge

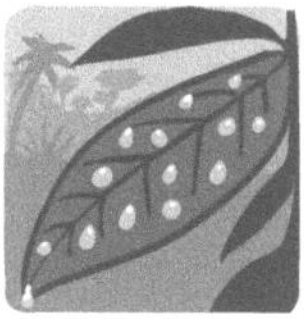

vochtigheid

luftfugtighed

bliksem

lyn

donder

torden

storm

storm

hagel

hagl

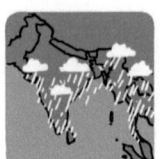

moesson

monsun

overstroming

flod

ijs

is

januari

januar

februari

februar

maart

marts

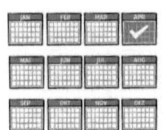

april

april

mei

maj

juni

juni

juli

juli

augustus

august

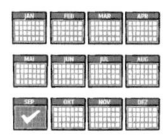

september
....
september

oktober
....
oktober

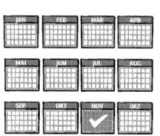

november
....
november

december
....
december

vormen
former

cirkel
....
cirkel

kwadraat
....
kvadrat

rechthoek
....
firkant

driehoek
....
trekant

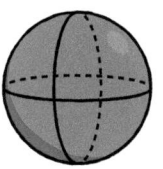

bol
....
kugle

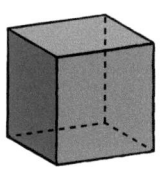

kubus
....
terning

wit

hvid

geel

gul

oranje

orange

roze

pink

rood

rød

paars

lilla

blauw

blå

groen

grøn

bruin

brun

grijs

grå

zwart

sort

veel / weinig

meget / lidt

boos / kalm

rasende / fredelig

mooi / lelijk

smuk / grim

begin / einde

begyndelse / slut

groot / klein

stor / lille

licht / donker

lys / mørk

broer / zus

bror / søster

proper / vuil

ren / snavset

volledig / onvolledig

fuldkommen / ufuldkommen

dag / nacht

dag / nat

dood / levend

død / levende

breed / smal

bred / smal

eetbaar / oneetbaar

spiselig / uspiselig

kwaadaardig / vriendelijk

vred / venlig

opgewonden / verveeld

ophidset / kedet

dik / dun

tyk / tynd

eerst / laatst

først / sidst

vriend / vijand

ven / fjende

vol / leeg

fuld / tom

hard / zacht

hård / blød

zwaar / licht

tung / let

honger / dorst

sult / tørst

ziek / gezond

syg / rask

illegaal / legaal

illegal / legal

intelligent / dom

intelligent / dum

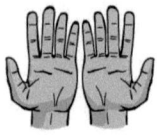

links / rechts

venstre / højre

dichtbij / veraf

nær / fjern

nieuw / gebruikt

ny / brugt

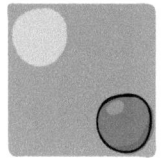

niets / iets

intet / noget

oud / jong

gammel / ung

aan / uit

tændt / slukket

open / dicht

åben / lukket

stil / luid

stille / højt

rijk / arm

rig / fattig

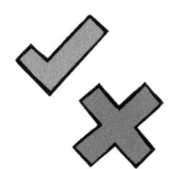

juist / fout

rigtig / forkert

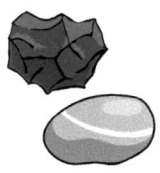

ruw / glad

ru / glat

droevig / blij

ked af det / lykkelig

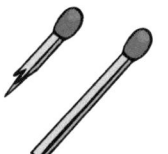

kort / lang

kort / lang

traag / snel

langsom / hurtig

nat / droog

våd / tør

warm / koud

varm / kold

oorlog / vrede

krig / fred

0

nul

nul

1

één

en

2

twee

to

3

drie

tre

4

vier

fire

5

vijf

fem

6

zes

seks

7

zeven

syv

8

acht

otte

9

negen

ni

10

tien

ti

11

elf

elleve

12

twaalf

tolv

13

dertien

tretten

14

veertien

fjorten

15

vijftien

femten

16

zestien

seksten

17

zeventien

sytten

18

achtien

atten

19

negentien

nitten

20

twintig

tyve

100

honderd

hundrede

1.000

duizend

tusinde

1.000.000

miljoen

million

Engels

engelsk

Amerikaans Engels

amerikansk engelsk

Chinees (Mandarijn)

kinesisk mandarin

Hindi

hindi

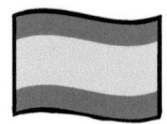

Spaans

spansk

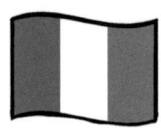

Frans

fransk

Arabisch

arabisk

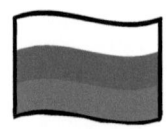

Russisch

russisk

Portugees

portugisisk

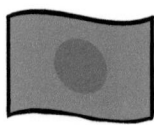

Bengali

bengalsk

Duits

tysk

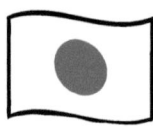

Japans

japansk

ik
....
jeg

u
....
du

hij / zij / het
....
han / hun / den / det

wij
....
vi

u
....
I

ze
....
de

wie?
....
hvem?

wat?
....
hvad?

hoe?
....
hvordan?

waar?
....
hvor?

wanneer?
....
hvornár?

naam
....
navn

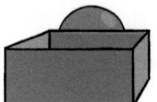

achter

bag

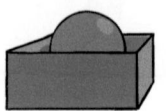

in

i

voor

foran

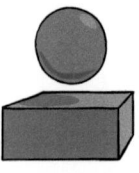

boven

over

op

på

onder

under

naast

ved siden af

tussen

imellem

plaats

sted